Marketing en Facebook

———— ❧❦❧ ————

Una Guía Completa para Crear Autoridad, Generar Compromiso y Hacer Dinero a través de Facebook

Mark Smith

veraz de los hechos y, por lo tanto, cualquier descuido, uso correcto o incorrecto de la información en cuestión por parte del lector será su responsabilidad, y cualquier acción resultante estará bajo su jurisdicción. Bajo ninguna circunstancia el editor o el autor original de este trabajo podrán ser responsables de cualquier adversidad o daño que pueda recaer sobre el lector luego de seguir la información aquí descrita.

Además, la información contenida en las páginas siguientes solo tiene fines informativos, y por lo tanto, debe considerarse de carácter universal. Como corresponde a su naturaleza, el material se presenta sin garantía con respecto a su validez o calidad provisional. Las marcas registradas encontradas en este texto son mencionadas sin consentimiento escrito y, bajo ningún motivo, puede considerarse como algún tipo de promoción por parte del titular de la marca.

Tabla de Contenido

Introducción

Felicitaciones por haber descargado tu propia copia de *Marketing en Facebook: Una Guía Completa para Crear Autoridad, Generar Compromiso y Hacer Dinero a través de Facebook.* Gracias por obtener una copia de este libro.

Los siguientes capítulos tratarán sobre los conceptos básicos que debes conocer para comenzar tu propia estrategia de Marketing en Facebook. Es una de las mejores opciones de marketing que puedes usar para formar realmente una relación con tus clientes y promover tu negocio. Este libro dedicará un espacio para hablar sobre cómo iniciar el marketing en esta plataforma, y ofrecerá consejos, estrategias comprobadas, y perlas de sabiduría para comenzar un negocio poderoso y rentable en Facebook.

Las técnicas compartidas en este libro serán lo más sencillas y factibles posibles, para que hasta los principiantes puedan atreverse a pisar el terreno del mundo lucrativo conocido como el marketing en Facebook.

Existen muchos libros disponibles en el mercado sobre este tema, ¡así que gracias nuevamente por elegir este libro en particular! Se hizo todo lo posible para garantizar que esté repleto de tanta información útil como fue posible. ¡Por favor, disfrútalo!

Capítulo Uno:
Introducción al Marketing en Facebook

¿Sabías que alrededor de 1090 millones de usuarios inician sesión en Facebook a diario, y que este número asombrosamente crece en un 16% cada año? Ciertamente, es una de las plataformas de redes sociales más populares, y contempla un 77% de todos los inicios de sesión en las redes sociales. No es de extrañar que, entonces, esos millones de ambiciosos emprendedores en línea estén aprovechando este nido de actividad viral relacionada tanto a cuentas personales como comerciales.

De acuerdo a la encuesta realizada por Quicksprout, el 80% de los usuarios de redes sociales en los Estados Unidos prefieren conectarse con otras marcas a través de Facebook.

Facebook es un medio excelente para involucrarse con el público, crear autoridad, dirigir tráfico hacia tu sitio web y aumentar tu credibilidad como marca. Te ayuda a enfocar a tu público, y a transformar a estas personas curiosas en clientes potenciales, creando finalmente una base de clientes leales. Por lo tanto, cualquier negocio o empresa puede aprovechar la influencia de Facebook para impulsar compromiso, mejorar su presencia, y crear una marca sólida en el mercado.

Sí, puede ser un reto dominar todos los matices de esta red social ya que es una plataforma dinámica que siempre agrega, elimina y modifica muchas de sus herramientas. Sin embargo, una vez que avanzas en esta curva de aprendizaje, tu negocio puede beneficiarse muchísimo con el poder de una atractiva página de Facebook.

Míralo de esta manera. Acabas de conocer a un hombre o mujer que te gusta, y deseas pasar el resto de tu vida junto a él/ella. ¿Cuál sería la mejor manera de acercarte a esa persona? Hacerte su amigo. Conocer más sobre lo que le gusta y no le gusta, mientras establecen una amistad significativa en base a sus metas e intereses comunes. Al principio puedes invitarla a tomar un café, establecer una buena relación, y luego salir a cenar o ver películas. Con el tiempo, podrías proponerle matrimonio, y pasar el resto de tu vida junto al hombre/mujer que realmente te atrae.

¿Qué crees que hubiera pasado si tan solo te hubieras acercado a esa persona con apenas conocerla y pedirle que se case contigo? Lo más probable es que piense que estás loco, y simplemente te dé la espalda para nunca más volver a verte en esta vida. Una oportunidad perfecta y completamente arruinada.

Esto resume básicamente el funcionamiento de las redes sociales, y la razón de que sea una increíble plataforma para incrementar tus posibilidades de éxito. Te ayuda a construir una relación con clientes potenciales a través del compromiso y la conversación. No puedes empezar un negocio y esperar que los clientes lleguen por si solos para comprar tus productos. Cualquier persona de negocios astuta se dará cuenta que los clientes compran productos de marcas y personas que les gustan. Tú, al igual que tu negocio o marca, debes ser atractivo para las personas, de manera que puedan relacionarse contigo y tu marca y así puedan comprarla. Esto es algo fácil de lograr a través del marketing de compromiso, la conversación y una constante comunicación con clientes potenciales.

El marketing en redes sociales es muy parecido a salir en una cita. Tu objetivo es maravillar a los clientes a través del compromiso, haciendo que tu marca sea atractiva, generando valor para los compradores potenciales, y al final, transformarlos en clientes de por vida. Facebook te ayuda a crear una base sólida de clientes leales quienes serán tus propios promotores. Ellos difundirán y recomendarán tus productos o servicios dentro de su círculo social.

¿Alguna vez te mudaste de país o ciudad? ¿Cómo fue tu experiencia? ¿Tal vez sufriste un choque cultural? Claro, puede ser desconcertante tener que adaptarse a un nuevo idioma, gente diversa y una cultura diferente. Necesitas conocer las normas sociales aceptadas para encajar o conocer las costumbres y el comportamiento local antes de ganarte la confianza de esta nueva comunidad.

De igual manera funcionan Facebook o cualquier otra plataforma de redes sociales. Hay reglas establecidas, al igual que otras sobreentendidas, que debes aprender si quieres crear una marca atractiva y una empresa rentable.

Una de las mejores ventajas de usar Facebook para tu negocio es que se trata de una plataforma muy versátil, que puede ser canalizada para alcanzar varias de tus metas empresariales. Estas metas van desde aumentar tu tasa de conversión, hasta crear autoridad para impulsar el compromiso de tus clientes. Con sus múltiples herramientas, recursos y funciones, Facebook puede alcanzar virtualmente cualquier meta empresarial.

Imagina que es el equivalente en línea de un enfriador de agua o una antigua plaza del pueblo. Las personas se reúnen cerca de un enfriador de agua en las oficinas (o como solía pasar en las plazas, en épocas de antaño) y hablan de cualquier cosa que les gusta o temas actuales. Hablan sobre detalles increíbles de algo que escucharon en las noticias, o sobre el último episodio de Game of Thrones, mientras se crean vínculos y relaciones fuertes con una simple conversación. Este ritual se vuelve tan interesante que llega un punto donde la gente no puede esperar hasta esa nueva y tan entretenida reunión informal, en el lugar designado.

Si has tenido la oportunidad de asistir a una fiesta en la que no conoces a casi nadie, entonces ya has vivido la versión en vivo de lo que implican las redes sociales o el marketing por Facebook. Intentas identificar a las personas que podrían estar interesadas en ti, o con las que compartes intereses comunes. Hay una introducción preliminar donde puedes conocer gente. Haces bromas, creas una relación con otros, participas en una conversación significativa, y eventualmente prometes mantenerte en contacto. Si eres interesante y carismático, la gente te recordará (marca personal) y esperará verte de nuevo.

Facebook es como una fiesta o un evento social, donde las marcas y los clientes se conocen uno al otro, y se benefician mutuamente. Cuando publicas cosas interesantes y valiosas que tu público sabe apreciar, a la gente le empieza a gustar tu marca. Les parece algo conocido y atractivo, y establecen una relación, lo cual realmente ayuda a tomar la decisión de comprar el producto. Facebook no es solo una plataforma de ventas (aunque también puede usarse con esta finalidad), sino también un recurso poderoso para construir relaciones de todo tipo.

Tomemos como ejemplo dos marcas de jabones recién lanzadas al mercado. El "Jabón A" apenas tiene presencia en las redes sociales o en Facebook. Ellos destinan todos sus recursos en anuncios impresos y carteles publicitarios, esperando que su marca sea reconocida y atractiva para su público meta.

Por otro lado, el "Jabón B" tiene una fuerte presencia en Facebook. Publica información que ha sido investigada exhaustivamente, fácil de compartir, interesante y valiosa, relacionada con la higiene, el cuidado de la piel, y la belleza.

Su público meta adora compartir las publicaciones de la "Marca B", porque los hace parecer inteligentes e informados dentro de su propio círculo social. La página de esta marca está repleta de actividad, con personas que comparten mucha información. Si la gente tiene que elegir entre la "Marca A" y la "Marca B" en el estante del supermercado, ¿cuál marca crees que es más probable que prefieran? La "Marca B" tendrá un público más involucrado con el producto, lo que puede resulta en un valor de notoriedad y reconocimiento de marca más alto. La gente puede identificarse con la "Marca B" de manera personal porque esta se ha esforzado para establecer conexiones personales con su público meta. Este es el verdadero poder de las redes sociales, el cual puede utilizarse para hacer crecer una variedad de negocios y empresas.

Aprenderás algunas de las mejores estrategias de marketing en Facebook en este libro, las cuales tienen el potencial de impulsar tu negocio hasta las nubes. ¡Acompáñanos en este recorrido, y prepárate para descubrir métodos y tácticas que cambiarán tu vida!

Capítulo Dos:
Consejos de Marketing en Facebook para Principiantes

Aquí presentamos algunos consejos de Marketing en Facebook con resultados comprobados y efectivos para mantenerte a la vanguardia en la curva de aprendizaje, que serán de utilidad si acabas de empezar en el mundo aparentemente abrumador del marketing en las redes sociales.

1. Crear un Perfil para Empresas y Negocios

Es asombrosa la cantidad de personas que hacen este primer paso en falso y pierden la posibilidad de alcanzar el éxito. Como regla general, nunca hagas negocios a través de una cuenta personal. Crea una página con un perfil comercial que represente efectivamente una marca. Estas páginas no son tan diferentes de a las páginas y perfiles personales, pero tienen una serie de herramientas con las que el público puede promocionar tu marca, como darle un "me gusta" a la página, revisar las nuevas actualizaciones, y comentar tus publicaciones.

Crear una distinguida página para tu marca maximiza las posibilidades de que tu negocio pueda llegar a un número mayor de clientes interesados. Además, según se estipula dentro de los Términos y Condiciones del Servicio de

Facebook, está prohibido utilizar perfiles y páginas personales para cualquier otra cosa que no sean interacciones personales.

De igual manera, si creaste una página usando perfil personal para promover tu marca o negocio, entonces debes considerar la opción de convertirla en una página para empresas. Así, podrás conservar tu cuenta personal y, al mismo tiempo, tendrás una página para negocios.

Ten en cuenta que un perfil puede convertirse en una página para empresas solo una vez. Una vez que hayas convertido la cuenta personal en una página, Facebook transfiere tu foto de perfil junto a la foto de portada a esta nueva página. El nombre de la cuenta personal será el nombre de la página para tu empresa o negocio. Facebook ofrece un montón de herramientas y funciones que ayudan a mover la información del perfil personal hacia la nueva página comercial (Facebook te da 14 días, contando desde la fecha de conversión, para migrar la información de tu perfil a tu nueva página).

Elige amigos de tu perfil personal para que den "me gusta" a tu página automáticamente; sin embargo, las publicaciones hechas en tu perfil personal no serán transferidas a tu nueva página. La página también se puede administrar desde tu cuenta personal.

Para convertir tu cuenta personal en una página para negocios y empresas de Facebook debes:

1. Hacer Clic en
    https://www.facebook.com/pages/create/migrate o
    busca el enlace en español.

2. Luego hacer clic en el botón "Empezar" y seguir las instrucciones para migrar exitosamente tu cuenta personal de uso comercial a una verdadera página para negocios.

Tener una página para negocios te ofrece muchas ventajas, incluyendo la oportunidad de identificar con precisión a tus clientes por medio de la publicidad de Facebook y la opción de crear eventos.

2. Crear un URL de Vanidad que sea Llamativo y Fácil de Recordar

Sí, las redes sociales tienen tanto que ver con lo superficial y lo atractivo, como con el contenido y la sustancia. Por más vano que suene, tu página tiene que verse hermosa para despertar la curiosidad de la gente lo suficiente como para hacer clic en ella y explorarla.

Una vez que hayas creado tu página para negocios, Facebook le asigna un número al azar a esta URL (dirección de enlace), lo que significa que tu página tendrá un enlace parecido a este:

facebook.com/pages/businessname/2346578.

Un consejo profesional que debes seguir si quieres aumentar la frecuencia con la que tu página es compartida, o hacer que sea fácil de encontrar, es crear una URL más notoria, llamativa, y fácil de recordar, como:

Facebook.com/Sunshineflorists.

Ve a la "Configuración General de la Cuenta", y transforma el URL de tu página en algo más reconocible desde la opción "Nombre de Usuario".

3. Agrega una Foto de Portada Fácil de Reconocer y Que llame la Atención

Lo siguiente es subir una impresionante foto de portada para crear el efecto visual deseado. Facebook permite subir imágenes de portada con resolución de 828 x 315 píxeles que se mostrarán en la parte superior de tu página de negocios. Elige la mejor foto de portada que llame la atención de tu público meta, captura su atención lo suficiente como para que deseen conocer más sobre tus productos/servicios, y ofrece una experiencia eficiente de navegación para dispositivos móviles.

La foto de portada es lo primero que verán tus visitantes al entrar en tu página ya que ocupa un espacio considerable dentro de la misma y, estratégicamente, aparece en la parte superior. Aquí te ofrecemos algunos consejos que debes tener en cuenta para seleccionar la foto de portada más atractiva para tu página de Facebook.

1. Aunque este dato parece algo obvio, es gracioso la cantidad de personas que lo pasan por alto. Sigue las reglas y pautas de Facebook antes de crear y subir la foto de portada, ya que perder tu página debido a una violación de estas reglas no es exactamente lo más inteligente que puede pasar a alguien interesado en el marketing.

Lee todos los términos y condiciones antes de subir la foto de portada en tu página para negocios. Recuerda que, por lo general, la imagen de tu portada es pública. Evita que sea engañosa, irrelevante o falsa. Además, no violes los derechos de autor de alguien más al subir fotos de diferentes sitios y fuentes.

2. Asegúrate de que la imagen está optimizada con el tamaño y resolución adecuados. Debe ser 828 x 315 píxeles en una interfaz de escritorio, y 640 x 360 píxeles para dispositivos móviles. Verifica que estas sean las dimensiones de tu imagen cuando estés diseñándola, o terminarás ajustándola varias veces al momento de subirla. Si tu imagen tiene una resolución más pequeña, entonces Facebook la estirará, lo que resulta en una imagen borrosa, poco profesional y de mal gusto. Para hacer más fácil esta tarea, haz una búsqueda rápida en Google y descarga una plantilla para fotos de portada de Facebook.

3. El espacio para fotos de perfil en Facebook dificulta que se vea una sección de la foto de portada a menos que se haga clic en ella. Además de la foto de perfil, el nombre de la página y los botones también ocultan parte de la foto de portada. Recuerda este detalle, y nunca añadas información importante o contenido en estas secciones ya que no podrán ser vistas de inmediato por los usuarios.

Ya que Facebook posiciona la imagen del perfil a la izquierda, es una buena estrategia alinear correctamente tu foto de portada para mantener el equilibrio, y hacer que tu marca/producto esté completamente visible, asegurándote de que se vea más estéticamente elegante. Podrás atraer un mayor enfoque a la marca o producto al alinear correctamente tu imagen de portada de Facebook.

Asegúrate de que la foto sea visible en dispositivos móviles ya que más de la mitad de la base de usuarios visitará la página desde un dispositivo móvil. A diferencia de las computadoras de escritorio, una porción más grande de la portada está oculta por la foto de perfil. El nombre de la página también aparece en la foto de portada, lo que afecta su visibilidad. Recuerda todo esto antes de diseñar tu foto de portada.

4. Intenta incorporar otros elementos de diseño a la foto de portada de tu página de Facebook, de manera que puedas mantener coherencia y uniformidad en la identidad visual de tu marca. Si los colores dominantes en tu logo son el rojo y el amarillo, entonces sube una foto de portada donde el rojo y el amarillo sean los colores predominantes. No trates de verlo como un elemento de diseño aislado o individual. En su lugar, haz que la foto de portada sea parte de un lienzo general más grande donde se equilibren varios elementos de diseño para atraer la mayor atención a tu página de Facebook.

Algunas de las mejores páginas comerciales y de negocios combinan su foto de portada y su foto de perfil, y hacen que se vea integrada, como dos secciones de un lienzo para una sola marca. Esta es una manera sutil pero convincente de transmitir la identidad de tu marca.

4. Agrega una Foto de Perfil Impresionante

Facebook te permite subir una foto de perfil con la que identifiques tu negocio, ya sea una imagen con logotipo de la empresa de tus productos/servicios, o una foto con tu rostro si eres un empresario independiente. Si quieres que tu público meta encuentre y le agrade tu página, elige una imagen de perfil inteligentemente. Recuerda que esta imagen se muestra en tamaño miniatura justo al lado de cada actualización en tu página.

Las dimensiones para la foto de perfil de Facebook son 180 x 180 píxeles (y aparecerán con tamaño 160 x 160 píxeles en computadoras de escritorio).

5. Mejorar la sección "Información"

Cuando las personas buscan más información sobre tu marca/negocio, lo más probable es que se dirijan a la sección "Información" de tu página.

Revisa la página para asegurarte de que esta sección está optimizada para redes sociales y motores de búsqueda al incluir una descripción detallada e impactante sobre tu negocio, utilizando las palabras clave más relevantes para definir tu empresa/marca. Brinda una buena idea a tus visitantes sobre tu página en las primeras líneas de tu descripción. Un breve fragmento sobre la descripción detallada que se encuentra en "Información" se mostrará en el campo "Descripción Breve" de Facebook.

Incluye tantos detalles como puedas, para que los visitantes puedan encontrar información útil en la sección "Información", incluyendo números de teléfono, direcciones físicas (si es necesario), URL o enlaces, correo electrónico, horario de oficina/horario comercial, rango de precios, un enlace al catálogo de productos y servicios, y cualquier otra información relevante.

6. Obtén el distintivo "Muy Receptivo a los Mensajes"

Una de las primeras cosas que debes lograr después de crear una página para negocios es obtener el distintivo "muy receptivo a los mensajes" de Facebook para las páginas cuyo porcentaje de respuesta es del 90%, y con un tiempo de respuesta de 15 minutos o menos durante un período de una semana.

Tener este distintivo hace que los clientes vean tu negocio como algo rápido, comunicativo y confiable, que hace un esfuerzo verdadero por relacionarse con los clientes. Es una muestra de que estás sintonizado con las consultas y preguntas de tu público y que te importan lo suficiente como para dar una respuesta rápida. Incluso si no puedes dar una solución inmediata a tu cliente, intenta mantener el tiempo de respuesta alto, y escríbele en cuanto puedas para hacerle saber que te comunicarás con él una vez que tengas la información. Esto te dará una imagen profesional, amigable y atenta.

7. Incluye Hitos

Utiliza la herramienta "Hitos" en Facebook para destacar los logros y momentos más importantes de tu marca. Los eventos que puedes incluir en la función de hitos son el año en que se lanzó tu marca/negocio, premios ganados en el pasado, lanzamientos de productos, y otros reconocimientos dignos de mención.

Los usuarios verán tu marca como algo más fiable y líder en el mercado cuando muestres tus logros. Básicamente, es una excelente manera de mostrar lo que te enorgullece, manteniendo a los clientes informados sobre la evolución y recorrido de tu marca.

8. Llamada a la acción

Facebook ha incluido lo que se ha considerado como una de las mejores herramientas para las páginas de negocios y empresas. Esta herramienta permite a los usuarios colocar botones de llamada a la acción fáciles, visibles y efectivos en sus páginas. Selecciona uno de los botones de llamada a la acción predefinidos, como "Contactarnos", "Reservar","Regístrate", "Usar aplicación", y más. Esta es una gran herramienta para vincular la página web relevante o la página de destino con tu página de Facebook.

Cómo Añadir un botón CTA en Tu Página de Facebook para Empresas y Negocios

Inicia sesión y entra en tu página de Facebook.

Haz clic en el botón "Llamada a la acción" que se encuentra en la parte superior, al lado del botón "Me gusta".

No es algo realmente complicado o difícil. Haz que tus clientes puedan navegar con más facilidad y que hagan lo que tú desees al indicarles con estos botones lo que se supone que deben hacer.

9. Crear Pestañas Personalizadas para Tu Página

Facebook ofrece un conjunto de pestañas predefinidas para páginas, como "Información", "Fotos", "Me gusta" y otras opciones similares. Sin embargo, también puedes crear pestañas personalizadas que pueden realizar funciones similares a las páginas de inicio dentro de la página. Las pestañas se encuentran en la parte superior de tu página. Por ejemplo, si deseas invitar tus clientes a participar en un sorteo o concurso, crea una pestaña personalizada como "entrar al concurso", o "enviar su entrada" para tal fin. Haz un enlace de estas pestañas a la sección de "subir entradas" en tu página.

Cómo crear pestañas personalizadas para páginas

Inicia sesión en tu página de negocios. Haz clic en "Configuraciones".

Luego, selecciona en la lista la opción "Añadir una pestaña".

10. Publica el Mejor Contenido de tu Blog

La mayoría de los negocios y empresas dependen de las redes sociales para ofrecer a su público meta un flujo constante de contenido valioso e interesante. Evita llenar la línea de tiempo con cada publicación de tu blog. Elige cuidadosamente el mejor contenido: que sea entretenido, útil, relevante e informativo.

Varias plataformas de blogs ofrecen una función en la que el software actualiza automáticamente cada nueva entrada y la publica en tu página. Todo lo que necesitas hacer es sincronizar la página de tu blog con tu página de Facebook y así publicar contenido de manera automática. Sin embargo, es mejor publicar contenido que atraiga a tus fans y clientes, y así mantenerlos interesados en tu marca.

Además, cada vez que publicas un enlace de tu blog en Facebook, la página incluye una breve descripción acompañada de una imagen. Esta descripción se extrae de la meta descripción de tu blog (la descripción que se creó específicamente para aparecer como la descripción de la página, en la vista previa de los resultados del motor de búsqueda). Asegúrate de que la meta descripción sea siempre relevante, precisa y esté bien escrita.

S in una meta descripción correctamente escrita, Facebook simplemente presentará el texto que consiga, sin ningún tipo de palabras clave y frases relevantes, lo cual representa una oportunidad desaprovechada. No dejes que esto suceda, ya que será un obstáculo para la experiencia general del usuario y la publicación no atraerá clientes a tu negocio.

Resume todas tus publicaciones en 155 caracteres o menos, escribiendo una meta descripción emocionante y atractiva. No desperdicies este valioso espacio de promoción al incluir enlaces absurdamente largos que lleven a tu publicación. La dirección de enlace miniatura es suficiente para enviar a los lectores a la publicación en tu blog. Usa este espacio inteligentemente para despertar la curiosidad del lector o llamar su atención.

Muchas personas nuevas al mundo del marketing creen erróneamente que publicar con frecuencia aumenta la visibilidad de sus publicaciones. Los algoritmos de Facebook no son tan simples. Todo se reduce a la calidad de las publicaciones y al compromiso que atrae. Publicar con más frecuencia no te ayudará a llegar a más personas a menos que tu público meta se encuentre en zonas horarias diferentes y tengas un objetivo claro al publicar con frecuencia.

Las publicaciones de baja calidad que reciben poca respuesta terminan afectando negativamente tus estadísticas, e incluso pueden reducir tu visibilidad entre tus seguidores. Facebook cuenta con métodos y estrategias eficientes para filtrar las publicaciones irrelevantes y de baja calidad. Te aconsejo que solo publiques contenido de alta calidad, y mira cómo se disparan tus números.

Recuerda que la calidad es mejor que la cantidad, por lo que debes ser selectivo con tus publicaciones. No agobies a tu público meta redactando demasiados artículos y publicaciones. Por el contrario, tómate un tiempo para crear publicaciones maravillosas que tu audiencia querrá compartir dentro de su círculo social.

Acompaña tus publicaciones con imágenes y videos de alta calidad para aumentar su atractivo. Las publicaciones en Facebook con imágenes visuales interesantes y relevantes perciben un compromiso 2,3 veces mayor que las publicaciones sin imágenes.

Incluso si tienes un blog con varias entradas, optimízalo para Facebook agregando nuevos videos e imágenes profesionales.

Cualquier estrategia de Facebook u otras redes sociales, que sea a prueba de tontos, incluye imágenes, videos, infografía, tablas, gráficos y capturas de pantalla que generan un gran valor para tu audiencia.

Sigue la regla general 80-20 para las redes sociales, donde 80 representa el porcentaje de tus publicaciones tienen contenido no promocional (destinadas a aumentar la participación y establecer relaciones), mientras que el 20 representa el porcentaje de las publicaciones cuyo contenido está dirigido a promocionar tus productos o servicios.

La realidad es que la gente detesta que se les venda algo en las redes sociales. Lo ven más como una plataforma para la discusión, la comunicación y para establecer relaciones. Por lo tanto, tu estrategia para las redes y medios sociales debe ser sutil y estar más orientada a la construcción de una marca y a establecer relaciones, que eventualmente se convertirán en clientes leales.

11. Enfócate en Generar Valor

Como cualquier vendedor en Internet o en redes sociales te dirá, primero debes generar valor para recibir negocios de tus clientes. Inicialmente, el foco está solo en establecer relaciones, credibilidad y autoridad (liderazgo). No te enfoques en la venta agresiva durante las primeras etapas de tu negocio.

Por ejemplo, si tu negocio es una tienda electrónica de productos orgánicos, la estrategia de marketing estándar para ti sería publicar imágenes de tus productos e instar a los clientes a comprarlos. Sin embargo, así no funciona el marketing en Facebook o en otras redes sociales.

En lugar de vender tus productos con agresividad, crea entradas en tu blog sobre recetas sanas y orgánicas usando los ingredientes que vende tu tienda. Comparte los enlaces de las recetas en tu página. En la parte inferior de estas recetas, menciona sutilmente que estos productos e ingredientes pueden adquirirse fácilmente en tu sitio web.

Teniendo en cuenta el ejemplo anterior, procura que tu estrategia de contenido incluya una variedad de recetas para los que comen sanamente o los aficionados a la salud, algo parecido a "20 Almuerzos Saludables y Fáciles De Hacer Para Niños", o "Batidos Simples y Saludables para Diabéticos", o "15 Saludables y Deliciosos Platos de Cuchara con ingredientes Orgánicos". ¿Ya has entendido de qué va el asunto?

La página de Facebook de Oreo es muy popular porque se relacionan con sus fans al ofrecerles deliciosas, innovadoras y divertidas recetas de Oreo, acompañadas con atractivas imágenes. También usan un montón de etiquetas modernas e inteligentes. ¿Quién puede resistirse a tal estrategia?

Los usuarios de redes sociales leen con entusiasmo contenido que tiene gran utilidad o valor informativo. También les encanta compartir contenido que ayuda a formar una imagen educada e inteligente ante sus amigos. Recuerda publicar solo contenido valioso, que ha sido redactado inteligentemente y es útil, y las personas estarán más que felices de correr la voz.

Dove es otra marca que ha resuelto su propia estrategia en las redes sociales de una manera brillante. Crearon un video hace un par de años con el que consiguieron miles y miles de "Me gusta" y aproximadamente medio millón de vistas. La marca apenas fue mencionada en el video. Dove simplemente se centró en contar historias emotivas con las que hacen se pudieron acercar a sus clientes.

Contaron historias sobre mujeres comunes y animaban a sus fans a etiquetar a las mujeres que los inspiraban, lo que ayudó enormemente a la marca a hacer correr la voz, sin necesidad de promocionar agresivamente sus productos. Las mujeres se identificaron con estas historias y se relacionaron con la marca en un nivel emocional y nostálgico.

12. Imágenes

¿Sabías que las publicaciones de Facebook con imágenes reciben un 84% más de clics en el enlace que aquellas sin imágenes? Es algo muy simple. Presenta a la gente cosas que se vean impresionantes, que sean fáciles de entender y provoquen alguna respuesta emocional.

Cuenta tus historias a través de imágenes. A esto se le llama humanizar tu marca. A la gente le encanta saber lo que sucede detrás de los negocios y marcas. Les gusta pensar que están comunicándose con personas reales, que realmente se preocupan por ellos, y no con robots de fábrica.

Crea secciones de la vida diaria, o sobre cómo manejas tu negocio o empresa. Preséntales a tus empleados. Dales un vistazo sobre el proceso de creación de los productos que usan.

Las imágenes de personas reales ayudan a que los demás se relacionen con tu marca. Al usar imágenes para publicaciones en Facebook, fíjate en las caras de las personas. Las imágenes de perfil donde se ven los rostros funcionan muy bien para las publicaciones de Facebook.

En lugar de usar imágenes del producto, utiliza imágenes sobre estilos de vida. Necesitas aprovechar las aspiraciones de tu público mostrándoles el estilo de vida que representa tu producto/servicio. Usa imágenes que evoquen una fuerte sensación de nostalgia. Crea galerías de imágenes y collages si desea compartir varias imágenes para que sea más fácil para el público acceder a todas ellas en una sola publicación, en lugar de crear varias publicaciones que resulten confusas.

Utiliza imágenes brillantes, de alta resolución y llamativas. Las imágenes poco iluminadas, de baja resolución y con colores apagados no reciben mucha tracción en las redes sociales.

Claro, la gente puede expresar que están molestos por ver una y otra vez fotos de dónde están cenando sus amigos, o de las actividades que realizan. Sin embargo, el hecho es que aún así están viendo esas imágenes. Según el portal Social Media Examiner, las imágenes representan el 87% del contenido compartido en Facebook.

Solo explora algunas páginas de negocios y descubrirás cómo la mayoría de ellos comete el error de usar imágenes del montón, en lugar de fotos originales. Usa fotografías reales y naturales en lugar de imágenes genéricas. Las publicaciones que tienen fotos originales y reales se perciben como algo más orgánico, con lo que el cliente se puede identificar.

Otro consejo inteligente es integrar tus imágenes de Instagram en tu feed de noticias de Facebook.

Entra a las opciones de configuración en tu cuenta de Instagram y vincula tu cuenta de Facebook. Cada vez que tomes una foto, haz clic en el ícono de Facebook para compartir esas imágenes en tu feed de noticias.

13. Haz Contenido Que sea Fácil de Compartir

Es una conocida perla de sabiduría dentro de los círculos de marketing en Internet que si preparas algo muy complicado para tu público, es menos probable que lo haga. Esto explica la razón de que todo se presente en bandeja (enlaces de "haga clic aquí", "visite nuestra página", "compre ahora", etc.)

Las personas, por lo general, tienen menos tiempo y muy poca atención cuando navegan por Internet. No perderán tiempo tratando de descubrir cosas si parece complicado o si no saben qué medidas tomar.

Haz que compartir tus publicaciones sea algo divertido para ellos, con el uso de botones para "Compartir" o "Me gusta" que se destaquen en el blog de tu página. Usa el botón "Seguir" de Facebook para aumentar tu alcance. A las personas les puede gustar tu página con un solo clic, y ver al mismo tiempo la cantidad total de "Me gusta" recibidos por la página. Esta estrategia da algo de credibilidad a tu página, y también es una prueba social para tus clientes potenciales y existentes.

Al agregar los botones para compartir contenido de Facebook en redes sociales, se motiva a la audiencia de tu página a conectarse y comunicarse con tu marca en Facebook, al tiempo que se aumenta el alcance de tu contenido al compartirlo.

Con la casilla "Me gusta" de Facebook, los visitantes pueden ver tu conteo de seguidores y revisar el contenido publicado recientemente.

14. Programar las Publicaciones por Adelantado

Una de las maneras más eficientes de administrar una página de Facebook para negocios y empresas es programar tus publicaciones con antelación, ya sea cada semana o al mes. Hay muchas cosas de último minuto que suceden y pueden distraernos de un horario fijo. Esto puede suponer un desafío para la búsqueda de publicar un flujo constante de contenido relevante e interesante, diseñado para atraer a tu público meta.

Una vez que hayas identificado el mejor momento para publicar en Facebook, usa aplicaciones como HubSpot, Buffer o Hootsuite para programar tus publicaciones y subirlas a una fecha y hora en particular, semanalmente o mensualmente. Puedes crear un calendario editorial para todo el mes. Considera programar festivales, vacaciones y eventos, etc. durante el mes mientras planificas publicaciones más atractivas o virales por adelantado. Las publicaciones semanales se pueden programar al mismo tiempo, por adelantado, todas las semanas.

Sin embargo, una vez dicho esto, recuerda mantener un equilibrio entre las publicaciones pre-programadas y oportunas, para evitar convertir tu página en una máquina automatizada donde se pierda por completo el trato humano. Asegúrate de crear y preparar algunas publicaciones en tiempo real para interactuar con los fans o entablar una conversación para saber su opinión sobre alguna novedad reciente.

Cómo programar publicaciones por adelantado

Para empezar, escribe una publicación como lo harías normalmente.

Haz clic en el símbolo con una flecha hacia abajo, que se encuentra junto al botón de "Publicar", y selecciona Programar.

Debajo de "Publicación", selecciona la fecha y la hora en la que deseas realizar la publicación.

Haz clic en Programar

También puedes eliminar o hacer cambios a publicaciones ya programadas.

Haz clic en "Editar" para hacer cambios a tu publicación o haz clic en el ícono con la flecha hacia abajo para reprogramar o eliminar la publicación.

Capítulo Tres:
13 Increíbles Estrategias para Impulsar Compromiso

No es de extrañar que Facebook se encuentre entre las plataformas de marketing de contenido preferidas. El sitio de redes sociales tiene una gran cantidad de características nuevas, dinámicas y útiles que pueden integrarse muy bien con tu estrategia de promoción general. Si, sabemos que puede utilizarse para incrementar el compromiso, mejorar la autoridad y crear marcas. Tu medio millón de fans tendrá muy poca importancia si no están haciendo nada en la página.

¿Has pensado alguna vez por qué algunas publicaciones se hacen virales, mientras que otras pasan desapercibidas? No, no se trata de tener suerte, sino el momento en que haces la publicación, las palabras que utilizas y lo que publicas.

Los usuarios de Facebook reaccionan bien ante publicaciones sobre tecnología, viajes/estilo de vida, salud, positivismo y deportes/juegos. Un consejo profesional: si puedes incluir palabras como "por qué", "cómo" o "la mayoría" en tus publicaciones, es probable que obtengas una mayor cantidad de "me gusta", comentarios, y veces compartido.

La pregunta del millón de dólares es: ¿Cómo puedes incrementar el compromiso a través de publicaciones en Facebook?

Aquí verás 12 increíbles consejos que han sido comprobados y pueden ayudarte a impulsar el compromiso de tu público.

1. Organizar Concursos

Esta es una de las mejores estrategias para mejorar el nivel de compromiso en tu página comercial de Facebook. Es muy sencillo, pero los especialistas en marketing no logran canalizarlo efectivamente. La emoción de ganar algo hace que la gente haga algo, lo cual puedes usar para tu beneficio. Utiliza las recompensas, premios y regalos como incentivo para crear un revuelo sobre tu marca.

Uno de las más grandes ventajas para los comerciantes es que por un precio comparativamente bajo, puedes ganar mucha publicidad y hacer que conozcan tu marca. Si se hace correctamente, puede ser una jugada brillante.

¿Cómo crear un concurso en Facebook?

1. Selecciona el Premio Adecuado

El premio es lo que hará que tu concurso sea un éxito. Haz que sea relevante y apropiado para tu negocio. Un consejo profesional es ofrecer a tu público tarjetas de regalo para tu empresa o negocio, lo que les da oportunidad de interesarse en tus productos/servicios.

Ofrecer a tus clientes iPads y iPhones gratis hará que les gusten los iPads y iPhones, y no los productos o servicios que ofreces. Quizás le den "me gusta" o compartan tu publicación por el interés de ganar un iPhone sin estar realmente interesados en tus productos o servicios.

En cambio, si ofreces tarjetas de regalo u obsequios relacionados con tus productos o servicios, tendrás a un montón de clientes interesados en probar tus productos. Por ejemplo, si vendes productos para el cuidado de bebés y ofreces cupones de regalo para ello, tendrás una gran cantidad de padres interesados en probar tus productos que darán "me gusta" a tu página, o compartirá tus publicaciones.

Dar premios que no tienen relación con tus productos o servicios no te ayudará a mejorar las conversiones. Sin embargo, una gran cantidad de consumidores usando tus productos puede ayudar a correr la voz sobre ellos, especialmente en las etapas iníciales de tu empresa. También puedes incluir en las tarjetas de regalo descuentos u obsequios en compras futuras, alentando a los clientes a comprar en tu tienda.

2. Facilita la Participación

Tu objetivo es incrementar el número de seguidores/fans e impulsar compromiso en tu página comercial. Haz que sea sencillo para las personas participar en el concurso para obtener un mayor nivel de respuesta. Puedes solicitar a los usuarios de redes sociales que le den "me gusta" a tu página, que compartan la publicación sobre el concurso, y mencionen a amigos que puedan estar interesados en el concurso poder entrar al concurso/sorteo. Escoge al ganador haciendo un sorteo en vivo.

Otra forma popular de hacer que las personas participen en concursos es enfocándote en contenido generado por el usuario. Además, esto es una estrategia inteligente para llenar la pagina comercial de contenido interesante, publicado por los mismos usuarios. Pide a los clientes que participen en el concurso publicando imágenes, videos o consignas para entrar. Crea una etiqueta y deja que utilicen la etiqueta cuando publiquen contenido en tu página. El público podrá votar por su entrada preferida.

Incluye en tu publicación una breve descripción sobre como participar en el concurso, y deja un enlace a una página web externa para más detalles sobre las condiciones y reglamentos, y así evitar tener demasiada información en la publicación del concurso en Facebook.

3. Título Llamativo

Un titulo corto, pegajoso y de llamada a la acción ayuda a maximizar la respuesta a tu concurso. Por ejemplo, "Ingrese para Ganar una Tarjeta de Regalo de 60$ para Nuestra Fabulosa Línea de Jabones Artesanales". Es simple, descriptivo y llamativo. Le indica a los visitantes lo que deben hacer y el premio que les espera de forma directa.

También puedes crear una página para ingresar al concurso, y solicitar que ingresen su información de contacto. Esto te ayudará a crear una lista de correos de las personas que pueden estar interesadas en conocer más sobre tus productos y servicios en el futuro. Envía a esta lista las actualizaciones, ofertas de temporada, y boletines informativos para mantenerlos interesados.

4. Imágenes

Utiliza imágenes grandes de alta calidad para persuadir a las personas a ingresar en el concurso. Si estás obsequiando tarjetas de regalo, usa una imagen grande de la tarjeta de regalo indicando su valor con una fuente grande. Además, incluye imágenes de productos que fueron comprados por la cantidad dada en la tarjeta de regalo.

2. Haz Publicaciones que Generen Respuestas

Plantea una pregunta sencilla pero que llame la atención para atraer a tus fans a la conversación. Por ejemplo, si manejas una marca sobre viajes/estilo de vida/ocio, publicar imágenes de playas o montañas con una descripción sencilla como: "Dale 'me gusta' si quieres pasar un día relajado en esta isla tropical" o "Dale 'me gusta' si deseas un helado sundae ahora mismo". Las preguntas sencillas que pueden responderse con "sí" o "no" pueden ayudar a generar rápidamente tracción en tu publicación de Facebook.

Decir a las personas lo que deseas que hagan aumentará el compromiso en tu página. Haz preguntas abiertas e interesantes, como: "¿Si pudieras irte a cualquier lugar que elijas, a dónde irías?", o "¿Qué comidas estás loco por comer en este momento?" Recuerda mantener tus publicaciones interesantes y relevantes para tu página.

¿Cuál es tu auto de lujo preferido?

Nunca puedes tener suficiente _____

¿Cuántas veces dejas que el teléfono suene antes de contestar la llamada?

Preguntas como estas entablan conversaciones estimulantes y respuestas increíblemente graciosas. Usa tu imaginación al formular las preguntas para atraer a tus fans y que sean parte de la conversación.

Crea publicaciones que involucren a las personas. Si estás indeciso con respecto a alguna estrategia o plan, crea una encuesta para obtener una retroalimentación de tu público meta. Con ella obtendrás información rápida sobre qué están buscando los clientes, además de impulsar el compromiso de tu página. Los fans podrán hacer publicaciones testimoniales de tus productos o servicios acompañadas de imágenes.

Si existe un problema actual o controversia relacionada con tu área, pide a tus clientes que compartan su opinión al respecto. Recuerda mantener el debate sano y amistoso, dejando las pautas claras desde el principio.

Insta a las personas a compartir sus recuerdos, momentos y experiencias, o haz algo provocador y formula una pregunta controversial. Haz preguntas directas o motiva a las personas a compartir sus consejos favoritos relacionados con tus productos/servicios.

Haz que las personas muestren lo bien que se sienten con los productos, alentándolas a compartir ideas innovadoras sobre las diferentes maneras en las que utilizan tus productos. Seguramente les gustará ser el centro de atención o que los demás hablen de ellos.

A mí me encanta pedir a los fans de mi página que decidan entre dos opciones. Pueden escoger su favorito entre "A" y "B", o seleccionar entre "X" y "Y". Esto puede crear una agradable división entre los fans (es algo malvado pero de una forma divertida), que genera aún más debate y actividad en los comentarios. Utilizar temas controversiales actuales está bien siempre que no toques asuntos delicados, como religión y política.

Ya sea que tu publicación reciba uno o muchos comentarios, intenta responder a cada uno individualmente. Facebook te permite dar "me gusta" a los comentarios, lo cual es una excelente forma de reconocer sus respuestas. Claro, será todo un reto responder a cientos de comentarios. Sin embargo, hacer ese esfuerzo adicional te hará ver como una organización a quien le importan sus clientes y que valora a sus fans/clientes.

3. Publica Contenido Compartible

Las infografías y videos son los formatos de contenido en redes sociales más populares del momento. Si puedes crear una sola infografía o lista resumiendo todo lo que la gente conoce sobre un tema, nada evitará que tus fans lo compartan. Las listas de verificación o notas importantes son increíbles desde una perspectiva viral.

Si tu negocio tiene relación con equipo de viaje, puedes crear una lista de verificación práctica para mochileros, o si eres un especialista en marketing por internet, una guía rápida de contenido o temas (o titulares) puede hacer el trabajo.

Has que sea una propuesta interesante para tu público meta compilando información que tome tiempo para investigar, en un formato fácil de comprender. Por ejemplo, puedes hacer una guía útil para viajeros que visitan un destino en particular incluyendo toda la información importante en una sola infografía.

La gente no tiene el tiempo necesario para investigar y anotar todas las piezas de información importante en un solo lugar, por esto las infografías son tan populares. Puedes crear una infografía usando una aplicación como Canva o contratar a alguien para que lo haga por ti.

4. Interactúa con Otras Empresas

Nada te impide involucrarte con otras páginas, especialmente cuando existe una correlación de productos/servicios o un público compartido. Por ejemplo, si una empresa relacionada con joyas de matrimonio publica algo acerca de bodas, entonces puedes aportar algo si eres un florista, fotógrafo de bodas o un negocio de pasteles de boda, siempre y cuando no estés compitiendo directamente con la marca ni haya conflicto de intereses.

Sin embargo, recuerda no hacer spam en otras páginas de negocios o empresas en el panorama de Facebook con tus publicaciones de promoción. Debes ser sutil e interactuar de forma natural y significativa. Añade comentarios bien investigados, detallados y que hagan pensar a la comunidad para establecer autoridad. Expondrás tu marca a un público meta mayor si se trata de una página popular.

¿A quién no le beneficia un poco de publicidad cruzada y sinergia? Motiva a otras páginas dentro de tu industria a comentar/publicar en tu página también. Si pueden llegar a un buen acuerdo de intercambio, ambas páginas pueden incrementar su alcance orgánico y disfrutar la exposición a una base de clientes potenciales mayor. También puedes crear publicaciones de invitados con enlaces a otros blogs, que pueden compartir en sus páginas de negocios y así incrementar tu autoridad, credibilidad y reconocimiento de marca.

Las recopilaciones son otra forma increíble de hacer que expertos compartan tus publicaciones en sus páginas. Pide a las personas influyentes en tu área que compartan sus mejores consejos sobre algún tema. Haz una publicación con estos consejos mencionando a estos influencers, y logra que compartan la publicación en sus páginas.

Todos adoran ser vistos como expertos entre sus admiradores y público, lo que significa que los influencers buscarán compartir estas publicaciones (catalogándolos como expertos) en su feed de noticias, dando así a conocer tu marca entre los fans/seguidores de un grupo de expertos o páginas de empresas o negocios populares.

Si encuentras imágenes realmente interesantes en el feed de noticias de tus fans, pide permiso para publicarlas y recuerda dar crédito por ellas. Las redes sociales se basan en una fuerte economía de intercambio, lo que significa que no debes evitar publicar contenido relevante, valioso y útil de otros participantes en el mismo campo.

Un consejo profesional para obtener muchos "me gusta" orgánicos en tu página, es habilitar las "Sugerencias de Página Similares" en tu página. Ve a "Configuración" y habilita la opción "Sugerencias de Página Similares". De esta forma, cuando a las personas les gusten las páginas similares a la tuya, Facebook les sugiere automáticamente tu página. Pocos están familiarizados con esta función, pero puede ayudarte con algunos "me gusta" orgánicos de gente interesada.

5. Promociona las Publicaciones

Facebook ofrece a los administradores/propietarios de páginas de empresas o negocios la opción paga de promocionar su publicación para generar más compromiso en publicaciones específicas. Puedes promocionar las publicaciones entre los seguidores existentes y sus amigos (lo que significa que la publicación será visible para un mayor número de fans en tu feed) o seleccionar un público predeterminado (de acuerdo a la demografía, intereses, pasatiempos y las páginas que les hayan gustado) para promocionar tus publicaciones. Estas publicaciones se mostrarán en el feed de noticias del público seleccionado, lo que significa un mayor compromiso para tus publicaciones.

Promociona tus publicaciones de blog más populares, que hayan tenido un tráfico web significativo. Haz estas publicaciones en tu página y usa la opción de publicación promocionada. No es necesario invertir miles de dólares en publicidad. Puedes comenzar con solo $25, enfocando la publicación a personas que haya gustado tu página y a las personas en su lista de amigos. Puede ser suficiente para darle un ligero impulso a tus publicaciones.

Aunque las probabilidades de obtener miles de "me gusta" o que sea compartido, las publicaciones promocionadas pueden aumentar el compromiso y entablar conversaciones. Puede hacer que las personas inicien una conversación, y al mismo tiempo dar a conocer tus productos o servicios. Esto puede aumentar tu alcance orgánico dentro de sus círculos. Utiliza esta estrategia para blogs de información de alta calidad, en los que ofrezcas soluciones claras a los problemas más urgentes que enfrentan las personas. Funciona bien para publicaciones que responden a las preguntas más interesantes sobre un tema, o que ofrecen a las personas recompensas de gran valor.

¿Cómo puedes buscar el contenido más popular de tu blog? Ve a Google Analytics. Selecciona "Comportamiento", luego "Contenido del Sitio y Todas las Páginas". Revisa las métricas de cada página para conocer tus publicaciones más populares.

¿Cómo impulsar las publicaciones en Facebook? Aquí presentamos una guía práctica para comenzar.

Ve a tu página para empresas o negocios.

Selecciona la publicación que deseas promocionar (recuerda elegir solo publicaciones de alta calidad que hayan demostrado su popularidad en tu página, o publicaciones que crees que puedan ser populares).

Selecciona el botón "Promocionar Publicación" localizado justo arriba de la publicación. Si el botón no está activado, no podrás hacer clic, lo que simplemente significa que esta publicación en particular no se puede promocionar. Puede haber muchas razones, como que la página comercial no esté publicada, o que no tenga suficientes derechos de administrador para promocionar una publicación, o puede que debas configurar el método de pago.

Ve al campo "Público". Selecciona cuidadosamente entre las opciones al público que deseas llevar tu publicación. También hay una opción para "Crear Público". Puedes empezar otra vez enfocándote en los usuarios según su edad, intereses, género y comportamiento.

Luego haz clic en el menú desplegable para elegir un presupuesto y promocionar tu publicación. Puedes seleccionar un presupuesto predefinido u optar por la opción "Elegir Presupuesto" e ingresar la cantidad que desees.

Elige la duración que deseas para promocionar tu publicación. Ingresa la fecha de inicio y finalización de la publicación promocionada en la sección "Período de Circulación".

Selecciona entre las opciones tu método de pago preferido. Si no has realizado promociones pagas en Facebook anteriormente, debes agregar un método de pago a tu cuenta de Facebook Ads.

Por último, haz clic en "Promocionar".

6. Sé Persistente

No creerás la cantidad de personas que se rinden al crear páginas para empresas o negocios estables en Facebook, que habrían sido un éxito rotundo simplemente modificando un poco su estrategia. No esperes que el éxito llegue de la noche a la mañana. No tendrás una multitud de personas, un millón de "me gusta" y miles de "compartidos" con solo crear una página. Muchas de tus primeras publicaciones apenas serán capaces de generar compromiso. Sigue publicando una variedad de cosas para probar qué funciona mejor para tu mercado.

Si un tipo de publicación específica no ha funcionado bien, escoge otra. Ve lo que otras empresas en tu área están haciendo con éxito e incorpora esto a tu estrategia de contenido para redes sociales.

Si bien los especialistas en marketing en redes sociales también harán énfasis en hacer publicaciones relevantes (y aquí estoy incluido), también es bueno divertirse de vez en cuando. Experimenta con una cita divertida o un meme digno de reír con el que tus fans puedan identificarse, o haz preguntas de temas variados.

No te enfoques únicamente en tus productos o servicios. ¡Ayuda a tus fans a que se entretenga! Puede que no consigas hacer negocios a través de ese divertido meme, pero te hace ver agradable y accesible. Abrirá el camino para otra publicación, que puede incluir un enlace a tu página web.

La gente usa Facebook generalmente para hacer conexiones y explorar publicaciones informativas y entretenidas. Prueba diferentes tipos de publicaciones para medir las que obtienen una respuesta máxima de tu público meta o que los hace interactuar.

Facebook ofrece algunos de los mejores datos y analítica sobre el público de tu página. Ubica patrones y tendencias, y reinventa la estrategia de acuerdo con esta valiosa información. Por ejemplo, si observas un gran incremento de fans en la semana, mira con detenimiento tu contenido publicado recientemente. Descubre una razón clara para estas tendencias y continúa publicando más de lo mismo si está funcionando.

¿Dónde reviso las estadísticas de mi página comercial de Facebook?

Inicia sesión en tu cuenta de Facebook.

Haz clic en la página para la cual deseas ver las estadísticas en la barra lateral izquierda.

Haz clic en "Insights" (o "Estadísticas") en la barra lateral derecha de tu página para verificar las estadísticas de interacción del último mes. Las estadísticas incluirán información como la cantidad de "me gusta" nuevos, vistas de publicaciones y otra actividad del usuario representada a través de gráficos y figuras.

Las redes sociales se tratan de crear una fase previa a la decisión real. Estás preparando el escenario al establecer relaciones, involucrar a tu público, y al hacer que la marca sea atractiva y deseable antes de que realmente empieces a jugar en el mercado. ¿Recuerdas la regla del 80-20?

10. Publica en el Momento Preciso

Publicar cuando es más probable que tu público esté conectado en Facebook aumenta la visibilidad y la exposición de tu mensaje. Esta es una pregunta con la que luchan la mayoría de los especialistas en marketing nuevos, simplemente porque no hay un solo momento para todos los proyectos. Los mejores días y horarios para publicar en Facebook dependen del tipo de negocio o empresa.

Por ejemplo, si te diriges a personas que trabajan desde el hogar, es probable que estén en línea en un momento diferente (entrada la mañana o por la tarde) que los profesionales que trabajan (entrada la noche y fines de semana). También depende del tipo de publicación y de la región a la que está destinada.

Por supuesto, hay algunos datos confiables sobre los mejores momentos para publicar en Facebook, aunque debes investigar los hábitos de navegación en las redes sociales de tu público meta para hacer presencia en los mejores días y horas para tu negocio.

Como regla general, el mejor momento para publicar contenido en Facebook es los miércoles a las 3.00 p.m. Otros buenos días y horarios para publicar son de 12:00 p.m. a 1:00 p.m. los fines de semana; y de 1:00p.m. a 4:00 p.m. los jueves y viernes.

Se conoce que las tasas de participación son 18% más altas hacia el final de la semana (jueves y viernes), y en otros días de la semana de 1:00p.m. a 4:00 p.m. Esto es particularmente valido para empresas relacionadas con ocio, los viajes, vacaciones y pasatiempos. Se sabe que las tasas de clics son mayores en los tiempos mencionados anteriormente. Además, dado que hay un 10% de aumento en la actividad de Facebook todos los viernes (y la gente tiende a estar más alegre ante la llegada del fin de semana), generalmente se considera un buen día para publicar contenido positivo, divertido y estimulante.

Los momentos más desfavorables para publicar en Facebook incluyen después de las 8:00 p.m. y después de las 8:00 a.m. los fines de semana. Por supuesto, usa esto como una guía general y no como una regla para hacer publicaciones en tu página.

Tienes que investigar cuáles son los mejores momentos para la participación de la audiencia en base a prueba y error. Intenta publicar en diferentes momentos durante los primeros días y verifica cuándo puedes obtener la respuesta o compromiso máximo de tu público meta.

Si estás empezando desde cero y no tienes datos propios para evaluar lo que le gusta o no al público, simplemente dirígete a una plataforma como BuzzSumo.com. Haz una búsqueda en función de tu campo o palabras clave, y encuentra una lista de publicaciones que han recibido la mayor cantidad de "me gusta" y "compartidos" en Facebook.

La plataforma ofrece una variedad de funciones, incluyendo el control de qué páginas/publicaciones se desempeñan particularmente bien para un competidor. También es un buen lugar para encontrar influencers en tu campo para algunas de esas necesarias promociones cruzadas.

11. Recuerda Mantener tus Publicaciones Cortas

No conviertas tu página de Facebook en una especie de blog. Los usuarios de las redes sociales no están en Facebook para leer contenido extenso y sobrecargado. Publica contenido conciso y atractivo. Las publicaciones con menos de 50 caracteres obtienen el máximo compromiso. Agregar caracteres más allá de eso reduce las posibilidades de participación. A menos que se haya demostrado que las publicaciones largas funcionan en tu área o con tu público en particular, lo mejor es mantenerlas por debajo de los 50 caracteres.

Que no parezca un sermón o exageradamente publicitario; inspira a la gente a conectarse contigo compartiendo tus historias de manera visual.

Comparte imágenes basadas en los valores centrales de tu negocio. Serás el mejor imán de las redes sociales si compartes la pasión de la empresa/marca con los clientes, creando casi un culto de seguidores. Tu negocio puede apasionarse por los alimentos orgánicos (si tienes un negocio relacionado con los alimentos). Crea una comunidad infundiendo el mismo nivel de pasión en tus seguidores a través de publicaciones cortas e interesantes.

Comparte un sentido de propósito que inspire genuinamente a las personas. En el ejemplo anterior, puede tratarse acerca de una alimentación saludable, elegir productos orgánicos, o apegarse a las comidas veganas. Encuentra un claro sentido de propósito y difúndelo a tus fans. Publica imágenes de tu marca conectándose con personas reales para añadir el toque humano que tanto necesita. Comparte citas inspiradoras y estimulantes que motiven a tus fans.

Haz una lista de publicaciones, infografías y artículos de "cómo hacer" que despierten la curiosidad de manera efectiva en la plataforma de Facebook. Si realizas una búsqueda en BuzzSumo sobre "alimentación saludable", descubrirás que las publicaciones de mayor rendimiento son "18 Comidas Preparadas Con Anticipación para Comer Saludablemente Sin Siquiera Intentarlo" y "¿Cómo Comer Alimentos Integrales Saludables, Dieta Basada en Vegetales Por $50 Semanales?" Todo el mundo quiere saber cómo se puede comer sano con solo un presupuesto de $50 a la semana. Despierta su curiosidad y termina por engancharlos.

12. Utiliza el Poder de los Grupos en Facebook

Los grupos son una excelente plataforma para crear una comunidad basada en intereses comunes. Reúnen a personas que comparten una pasión común y pueden generar una mayor comunicación e interacción que las páginas comerciales habituales. Ubica grupos relacionados con tu industria o crea tu propio grupo, y vincúlalo con tu página principal de negocios.

Dale un nombre fácil de buscar y relevante. Incluye una descripción breve y apropiada del grupo para que las personas puedan encontrarlo con facilidad. Continúa publicando contenido que promueva la interacción sobre temas relacionados con el grupo. Alienta a los miembros del grupo a publicar sus preguntas o a comenzar una discusión sobre un tema. Incluso puedes compartir tus publicaciones de blog o de páginas comerciales dentro del grupo para darles una mayor exposición.

Construir una comunidad leal y comprometida es la base del lanzamiento exitoso de una empresa en redes sociales. Aunque mantener un grupo ocupado puede tomar mucho tiempo y ser tedioso, puede traer grandes recompensas más adelante.

Los grupos son increíbles cuando se trata de construir una red alrededor de tu negocio o empresa. Por ejemplo, si eres un consultor para pequeñas y medianas empresas, puedes formar un grupo en torno a "empresarios poderosos". De la misma forma, si vendes equipo de acampar u organizas vacaciones de campamento, inicia un grupo de "entusiastas del camping". Incita a las personas a compartir sus blogs, inspirando piezas de contenido y temas que hagan que todos participen en una conversación.

Cómo motivar al grupo

- Publicar preguntas. Si no sabes de qué hablar, simplemente pregunta a la gente de qué le gustaría hablar.

- Organizar eventos como un seminario web en línea, una sesión de Hangouts o eventos en persona. Los grupos te dan una increíble oportunidad para conectarte cara a cara con personas de ideas afines.

- Fomenta las presentaciones entre miembros. Pide a las personas que compartan algo sobre ellos, sus pasiones e intereses comerciales. Inicia conversaciones y/o conexiones basadas en compartir detalles sobre las aspiraciones, metas e intereses de las personas.

- Realiza encuestas sobre lo que a la gente le gustaría escuchar y discutir en el grupo.

13. Celebra las Festividades y Vacaciones

A los fans les encanta cuando agregas un poco de entusiasmo festivo a tus publicaciones. Los pone en un modo alegre y de celebración. Crea publicaciones para eventos especiales y participa del espíritu festivo. Te muestra como una persona interesante, a la vez que demuestra tu sentido de la conciencia sobre los últimos acontecimientos. Esto hace que el negocio se vea más humano y menos mecánico, que es realmente de lo que se trata el marketing en redes sociales.

Investiga si las festividades aplican a una comunidad en particular o se celebran a nivel mundial. Usa esto como una oportunidad para saludar a tus fans y conectarte con ellos.

Por ejemplo, si es el Día Internacional de la Mujer, puedes compartir una publicación afectuosa sobre las empleadas de la compañía. Explica el trasfondo con un texto breve e interesante, y menciona cómo ellas son valiosas para la organización. A los fans les encantan los detalles sobre las personas que dirigen el espectáculo desde los bastidores.

Por lo general, las personas están en un modo más alegre, positivo y de consumismo durante las fiestas, lo que significa que puede ser más sencillo conseguir que realicen compras en una publicación promocional que siga a una de estas alegres publicaciones festivas.

Capítulo Cuatro:
Rematando con la Publicidad de Facebook

No es ningún secreto que Facebook ofrece uno de los programas pagos de publicidad en Internet. La mayor ventaja de optar por una promoción pagada es que puedes enfocarte en tus clientes en función de cualquier característica en sus perfiles, desde el tipo de películas que disfrutan ver, hasta eventos de la vida (recién casados o comprometidos) o su profesión e intereses. Y todavía hay más cosas que añadir: cumpleaños, ubicación, estado civil y educación.

Esto les da a los especialistas en marketing que buscan enfocarse en un grupo específico, una ventaja clara para promocionar sus productos y servicios. Facebook es una mina de oro para especialistas en marketing inteligentes, que saben utilizar su base de datos de usuarios para su beneficio.

Por ejemplo, supongamos que eres dueño de un gimnasio en Phoenix y deseas enfocarte en los aficionados a la salud que acaban de mudarse a la ciudad, podrías dirigir tus anuncios solo hacia ellos. De igual manera, si vendes kits de golf en línea en los Estados Unidos, puedes dirigir esos anuncios a los entusiastas del golf que viven en el país.

Esto evita que pierdas tu precioso presupuesto para publicidad, promocionando tus productos/servicios a personas que tienen poco interés en ellos. No se puede negar que los anuncios de Facebook pueden ser muy rentables si sabes cómo emplearlos de manera efectiva.

Según una encuesta de eMarket, casi el 96% de los usuarios de las redes sociales consideran la publicidad de Facebook como el método de promoción paga que genera más resultados en múltiples plataformas de redes sociales.

Un informe del *New York Times* indica que, en promedio, los usuarios suelen pasar una hora en Facebook al día, lo que explica por qué los presupuestos publicitarios de Facebook se disparan. Estás dejando demasiado dinero al alcance de tus competidores si no estás aprovechando el poder de la publicidad en Facebook.

¿Sabes por qué la gente odia los anuncios de YouTube? Porque interrumpen la experiencia de visualización de un usuario. Facebook ha modificado su función de publicidad para integrar sin problemas y de forma natural su publicidad paga en las noticias de un usuario sin interrumpir su experiencia. Esta es la razón por la que los espectadores están menos molestos y son más receptivos a estos anuncios.

Entonces, ¿cuáles son los mejores consejos para comenzar a usar la publicidad de Facebook? También he preparado una lista con estos consejos para ti.

Aquí tienes una guía práctica para que puedas hacer publicidad en Facebook como un profesional.

1. Para comenzar a hacer publicidad en Facebook, ve a la sección "Administrador de Anuncios" de tu página.

2. Antes de poner tu anuncio en circulación, debes tener un objetivo claro para la publicidad paga.

¿Qué esperas lograr a través de la publicidad paga? ¿Más "me gusta" en la página? ¿Más compromiso en publicaciones específicas? ¿Una tasa de conversión más alta en la página web? ¿Qué instalen tus aplicaciones? ¿O algún objetivo de marketing similar?

Una vez que hayas elegido tu objetivo publicitario, Facebook mostrará la opción que funcione mejor para lograr tu objetivo de marketing.

3. Selecciona tu público. Al inicio, tendrás que probar varios grupos de audiencia para identificar aquellos que generan los mejores resultados. En base a los criterios que especifiques, Facebook presentará una herramienta para "Crear Publico" a la derecha de la opción del campo Público. Toma todas las características pre-establecidas para calcular una cifra potencial de alcance.

Los campos de orientación de público de Facebook son tan amplios que es prácticamente imposible incluirlos todos aquí. Puedes dirigir tus anuncios a los usuarios en función de su ubicación, género, idiomas, relaciones, finanzas, etnia, eventos de la vida, política, intereses, pasatiempos, conexiones, comportamiento y mucho más.

También hay una opción de "Público Personalizado" en la que puedes seleccionar a miembros del público predefinidos en la base de datos de tu organización, personas que visitaron tu blog, o aquellas que usaron tu aplicación. Esta opción te permite dirigirte a los clientes según criterios muy específicos.

Una vez que has descubierto un público específico que ha respondido bien a tus anuncios, puedes hacer clic para guardar estos públicos más campañas publicitarias en el futuro (así no tendrás que pasar por el proceso de volver a elegir al publico).

Consejo profesional: mientras se ejecuta la campaña, si estimas que un grupo en particular está respondiendo muy bien al anuncio y reduciendo tu costo por clic/por "me gusta", puedes editar las opciones de público al instante. Por ejemplo, supongamos que promocionas una página de viajes de aventura y descubres que los hombres ofrecen un menor costo por clic para tu página. Quizás desees editar la configuración de tu público para que solo se muestre a hombres.

4. Facebook te ofrece la opción de seleccionar cómo y dónde deseas que aparezcan tus anuncios. Los anunciantes tienen la opción de elegir anuncios de escritorio, anuncios para dispositivos móviles, y anuncios de columna derecha.

Puedes seleccionar los que sean más beneficiosos para tu negocio, pero los anuncios para dispositivos móviles funcionan mucho mejor que los anuncios de escritorio o los anuncios de columna derecha (los menos favorables). La mayoría de las personas accede a sus cuentas de redes sociales a través de dispositivos móviles, lo que hace que este tipo de anuncios sean los más efectivos.

5. Establece un presupuesto diario. Si deseas que tu anuncio se ejecute con un presupuesto diario, especifica tu límite diario en la opción Presupuesto Diario. Por ejemplo, si ingresas $25 como tu presupuesto diario, Facebook publicará un anuncio con un presupuesto diario de $25 hasta que termines la campaña.

Si deseas que la campaña se ejecute por un número de días, ingresa la fecha de finalización dentro de la opción "Ejecutar Campaña hasta la Fecha". Tu anuncio solo se estará en circulación hasta la fecha especificada. Al principio, cuando apenas estés probando la publicidad, es mejor optar por un presupuesto modesto.

6. Creando el anuncio. No tiene ciencia alguna. Tu título tiene que ser lo suficientemente atractivo como para forzar a los usuarios a quitar la vista de otras cosas interesantes en sus noticias. El mejor truco es aprovechar los motivos primarios subyacentes de tu público meta. ¿Qué es lo que mueve a tu público emocional, lógica y físicamente? ¿Qué los hace sentarse, tomar nota y reaccionar? Pues claro, las emociones primarias más comunes y efectivas son la lujuria, codicia, miedo, dolor, culpa y felicidad. Canaliza estas emociones a la vez que presentas una solución lógica. Ofrece algún tipo de satisfacción inmediata para llamar su atención.

Cómo Crear un Blog de WordPress Exitoso en Menos de 20 Minutos.

Ahorra $12000 al Día en Fans de Facebook Evitando Este Costoso Error.

Presenta titulares con preguntas mientras prometes ofrecer una solución.

¿Cansado de Vivir con Deudas? ¡Dale "Me Gusta" Para Saber Cómo Vivir una Vida Libre de Deudas!

¿Conoces la emoción número uno que mueve a las personas a tomar decisiones relacionadas con compras? Es el Miedo.

Sí, el miedo es una emoción extremadamente poderosa cuando se trata de hacer que las personas reaccionen. Las personas no están demasiado abiertas a la posibilidad de invertir en nuevos productos porque temen perder dinero o tomar una decisión equivocada. Esta es exactamente la psicología detrás de por qué los productos gratuitos arrasan cuando se trata de captar la atención del posible cliente.

Gratis significa cero riesgos, y ningún riesgo significa cero miedos. Los titulares que ofrecen regalos o soluciones gratuitas a los problemas del usuario funcionan de manera brillante porque no hay ningún riesgo involucrado.

Escribe un texto publicitario concreto, breve y atractivo (los anuncios fotográficos tienen un límite de 90 caracteres). Usa un lenguaje claro, directo y fácil de entender. Debe provocar al público, mientras que indica los beneficios que pueden disfrutar al darle "me gusta" o visitar tu sitio web. Sigue el poderoso principio WIFM - *What's In It For Me* (¿Y Qué Gano Yo?). Que sea breve, pero que genere un valor alto.

Facebook también ha creado anuncios de diapositivas donde puedes crear una presentación de diapositivas al estilo PowerPoint con tus mejores imágenes. La marca de ropa deportiva *Carbon 38* descubrió que, en comparación con los anuncios fotográficos normales, los anuncios de presentación de diapositivas ofrecen un 85% más en la tasa de retorno por inversión publicitaria, y un aumento del 40% en la tasa de clics.

Una gran cantidad de negocios y empresas de Facebook están convirtiendo sus piezas de contenido más populares en anuncios de diapositivas. Simplemente estás destilando y volviendo a empacar su mejor contenido en un anuncio. Piensa en formas creativas de transmitir el mensaje escrito en imágenes, o cómo resumir cada punto en pocas palabras, y prepara un anuncio de video estupendo. Recuerda mantener el contenido en todo el video consistente con tu producto/servicio y finaliza con la llamada a la acción.

Haz clic en la opción de vista previa en la parte inferior del anuncio para asegurarte de que todo se vea bien. Si estás satisfecho con el aspecto del anuncio, toca el botón "Confirmar" para enviar el anuncio. Cuando el anuncio es aprobado por Facebook, recibes una notificación.

7. Prueba Dividida de múltiples anuncios. Las pruebas divididas o las pruebas A/B como también se les conoce, prueban dos anuncios diferentes para determinar cuál funciona mejor. Es prácticamente imposible predecir qué funciona y qué no funciona, incluso si conoces muy bien a tu público. La única forma de crear campañas publicitarias rentables es probando diferentes opciones para elegir las que funcionen. Sabrás cuales anuncios funcionan y cuáles no cuando intentes con varias opciones a través de las pruebas divididas.

Para aprovechar al máximo la función de prueba dividida de Facebook, crea distintas variantes de anuncios que tengan un buen rendimiento modificando un solo atributo a la vez. Por ejemplo, elige un anuncio que tenga un buen rendimiento y crea dos versiones manteniendo todo lo demás, pero utilizando dos titulares diferentes para ambas versiones.

Si realizas demasiados cambios en ambas versiones, no podrás determinar qué elementos funcionan correctamente. En el ejemplo anterior, si modificas el título y el texto publicitario, y un anuncio se desempeña claramente mejor que el otro, no sabrás si fue por el título o por el texto. Debes probar un solo elemento a la vez.

También puedes hacer pruebas divididas en las distintas opciones de ubicación de anuncios. Haz que una campaña se publique para los anuncios de columna derecha, otra para los anuncios de feeds de noticias para dispositivos móviles, y otra para los anuncios de feed de noticias de escritorio. Esta estrategia te permite monitorear más de cerca tu presupuesto que combinar todas las opciones en una sola campaña.

8. Usa la psicología de las imágenes y los colores para tu beneficio. Los profesionales de publicidad en Facebook compartirán muy poco sobre los increíbles poderes de persuasión psicológica de colores específicos (esta es su información más secreta). Sin embargo, estoy a punto de revelar uno de los elementos creativos más poderosos de la publicidad en Facebook que casi todos los anunciantes exitosos están aprovechando. El poder de las imágenes y los colores. ¿Sabías que el 90% de todas las opiniones rápidas que

emitimos sobre productos/marcas se remonta a los colores predominantes en el anuncio o logotipo de la empresa?

Según un estudio publicado en Management Decision, existen claras tendencias, comprobadas científicamente, relacionadas con la percepción de los colores por parte de diferentes personas. Mientras que el público más joven prefiere tonos brillantes y provocativos como el rojo, el naranja y el amarillo, a las personas mayores les gustan los colores más fríos como el verde, el azul y el morado. Con la edad, las personas tienden a preferir tonos más fríos y oscuros.

Si eres una marca entretenida, dinámica y juvenil, tal vez quieras incluir tonos brillantes en tu anuncio de Facebook. Sin embargo, ten en cuenta que el hecho de que el azul signifique confianza, confiabilidad o fiabilidad, no lo puedes usar si no encaja bien con los productos que comercializas.

Por ejemplo, los logotipos e imágenes de productos alimenticios casi siempre tienen colores brillantes y llamativos (rojo, naranja, amarillo) que se dice estimulan el hambre. Se dice que el azul no va bien con los productos alimenticios, ya que está asociado con veneno y productos químicos. Encuentra colores que se adapten a la personalidad de tu marca y úsalos en el diseño, las imágenes y el logotipo de tu anuncio. Todo se resume a la adecuación y el ajuste personal. Piensa en el público meta y usa colores que evoquen los factores psicológicos adecuados, que los hagan reaccionar y tomar la decisión de comprar.

Capítulo Cinco:
4 Formas Astutas de Hacer Dinero en Facebook

Ya sabes que aunque Facebook es ideal para compartir fotos de tus vacaciones o establecer conexiones con viejos amigos, allí se puede ganar mucho dinero construyendo marcas y negocios.

Aquí ofrecemos 10 maneras ingeniosas de convertir Facebook en una máquina de ganancias.

1. Vende los Productos y Servicios de Otras Personas

Probablemente hayas oído hablar de marketing de afiliación si tienes tiempo en el mundo del marketing en Internet. Es un modelo comercial bastante rentable, donde se obtiene una comisión por la venta de productos o servicios de otras personas.

Existen muchos mercados de marketing de afiliados (como ClickBank, ShareASale, MaxBountyetc) donde puedes suscribirte para promocionar una variedad de productos y servicios. También puedes registrarte como afiliado a programas directamente, a través de su sitio web, o verificar si están aceptan afiliados para el momento.

Estas son algunos lineamientos generales para elegir productos de marketing de afiliados en Clickbank

Elige productos que tengan un porcentaje de comisión del 50% o más, excepto si se trata de un servicio/producto basado en comisiones recurrentes (en cuyo caso puedes reducirlo al 40%). Cualquier cantidad por debajo del 50-60% sencillamente no vale la pena.

Opta por un producto con altas comisiones. Estos son los productos que están funcionando muy bien y generan dinero a los comerciantes afiliados. Sin embargo, no ignores completamente los nuevos productos con bajas comisiones. Pueden tener un alto potencial y poca competencia.

Todo se resume a la calidad de la página de ventas y el producto. Si encuentras un producto prometedor y beneficioso para tu público, experimenta con él.

Cuando te registres como afiliado o promotor de cualquier producto/servicio, el sitio del comerciante o del vendedor te ofrece un enlace de afiliado único (a través del cual puedes controlar tus ventas y otras estadísticas). Incluye este enlace en tu blog o publicaciones de Facebook junto a contenido interesante y valioso. Cada vez que alguien hace una compra haciendo clic en tu enlace único, ganas una comisión.

Una vez que hayas elegido tus productos, crea una página de fans o una comunidad sobre un tema relacionado con los productos/servicios. Por ejemplo, si estás vendiendo un curso para redactores, es posible que desees crear una página o un grupo para entusiastas o redactores novatos.

Puedes ofrecer muchos consejos de redacción, ideas para la creación de contenido, etc., y así ganar su confianza y crear autoridad. Una vez que has involucrado a tu público, te has posicionado como una autoridad (o líder en el mercado) y ganado su confianza, recomendarles cosas se vuelve algo fácil.

Crea una reseña detallada para la publicación y comparte un enlace en tu página de fans o grupo. Incluye un título impactante que resuma cómo el curso puede ayudar a los redactores a iniciarse en una industria rentable.

Facebook te permite compartir enlaces de afiliados a partir de ahora, siempre y cuando cumpla con los estándares de su comunidad. Lee primero sus políticas antes de promocionar productos y servicios a través del marketing de afiliación.

Existe una gran cantidad de páginas de fans dedicadas a automóviles, drones, relaciones, hogares y prácticamente cualquier otro tema. Encuentra un grupo de fans apasionados que tengan un profundo interés en el tema, desarrolla una comunidad sólida para ganar confianza y lealtad, y finalmente, comienza a promocionar productos/servicios de alta calidad que creas que beneficiarán a tu público.

Crea un blog sobre el tema y, en lugar de enviar personas directamente a la página del comprador, guíalos a la publicación de tu blog donde puedan obtener información detallada sobre un tema. El enlace de afiliación para marketing se puede colocar en el blog o al final del mismo.

A nadie le gusta ver enlaces de mal gusto ni excesivamente largos en una página de Facebook. Asegúrate de que tus enlaces sean cortos y se vean profesional mediante el uso de un software para cubrir (cloaking) y retocar los enlaces de afiliado.

Si estás vendiendo más de un producto o servicio, crea páginas separadas para cada programa o categoría de programas. Por ejemplo, si vendes productos digitales o libros electrónicos relacionados con la crianza de niños pequeños, crea una página o un grupo de fans para padres de niños pequeños.

Del mismo modo, los productos/servicios relacionados con la cocina se pueden combinar en un grupo separado para entusiastas de la cocina. De esta manera estás sub-dirigiendo varios campos. Las personas no quieren darle "me gusta" a tu página para ver un montón de promociones que no les interesan.

Por supuesto, puede volver a publicar y compartir cosas que son comunes a los grupos. Por ejemplo, si subes una publicación como "10 Recetas Saludables que Harán que tus Niños Se Chupen Los Dedos", puede encajar tanto en la página de cocina como en la página sobre crianza. ¿Ya has comprendido cuál es la estrategia?

Una de las cosas más importantes que debes tener en cuenta si estás utilizando el marketing de afiliación para ganar dinero en Facebook, es entender que tu reputación está en juego como influencer y marca, lo que significa que solo debes vender productos de alta calidad y valiosos, que realmente beneficien a tu público. No termines con una venta ambulante o perderás estos preciosos miembros del público y tu reputación.

2. Escribe y Vende Libros Electrónicos (eBooks)

Los libros electrónicos se están volviendo increíblemente rentables de manera tardía, debido al bajo costo inicial que implican. No hay ningún costo relacionado con la impresión y los materiales, ya que todo se comparte electrónicamente. Esto significa que cualquier persona con un tema o idea decente puede intentar escribir un libro electrónico. Además, es un buen flujo de ingresos pasivos, donde inviertes un poco de esfuerzo para crear el libro una vez, pero contemplas ganancias para siempre o cada vez que es vendido.

Gracias a su público meta y la sensación de comunidad, Facebook tiene un público listo para tus libros si sabes cómo entrar en el mercado.

Los libros electrónicos de no ficción que ofrecen a las personas instructivos o una solución clara a sus problemas urgentes, tienden a venderse bien. Actualmente, los libros electrónicos más vendidos son libros que le dicen a la gente cómo ganar dinero con libros electrónicos, lo que significa que todos están interesados en sacar provecho de los libros electrónicos. A menos que tengas una historia realmente apasionante, o un talento especial para escribir personajes increíbles, es mejor que te limites a la no ficción.

Comienza por escribir tu libro electrónico sobre un tema o área donde ya tienes cierta autoridad establecida. No necesitas credenciales brillantes para ser un autor de libros electrónicos, pero deberías ser capaz de convencer a las personas sobre por qué deberían comprar tu libro en lugar de cualquier otro escritor. Posicionarte como un experto te dará una ventaja cuando se trata de promover el libro.

Una vez que hayas terminado de escribir tu libro en un procesador de palabras, crea una cuenta Kindle Direct Publishing, y agrega tu libro siguiendo las instrucciones en "Biblioteca" y luego clic en <Crear un nuevo título>.

KDP permite a los editores obtener regalías del 70% si el libro electrónico tiene un precio inferior a $9.99. Es mejor empezar con un precio bajo para obtener algunas opiniones y calificaciones, y subir el precio una vez que el libro gane algo de tracción.

Ahora viene la parte divertida. Promociona tu libro en Facebook. Al igual que todos los negocios, comienza construyendo una comunidad alrededor del tema de tu libro electrónico. Si se trata de volar drones, crea una comunidad de personas apasionadas por los drones.

Aquí hay algunas estrategias inteligentes para promocionar tu Libro Electrónico en Facebook

Regalos

No es de extrañar que a la gente le gusten los regalos y obsequios. Distribuye algunas copias gratuitas del libro entre los fans más leales y dedicados de tu página, junto con influencers de ese campo. Pide que te apoyen escribiendo reseñas y dejando sus calificaciones. Kindle Publishing tiene sus propios algoritmos exclusivos, donde si un libro en particular tiene un buen rendimiento, Amazon lo impulsa aun más recomendándolo a los clientes. Si las ventas se disparan, el libro podrá encontrarse en la lista de los más vendidos.

Considera crear una lista de correos electrónicos a través de Facebook, donde puedas comunicarte con los lectores interesados sobre actualizaciones, noticias, ofertas promocionales, nuevos lanzamientos y boletines informativos.

Además, organiza concursos y sorteos de obsequios para obtener una copia del libro u otros obsequios relacionados con el libro. Debes asegurarte de que cada publicación promocional tenga una Llamada a la acción clara y definida, donde tu público sepa exactamente lo que se supone que debe hacer. Incluye una portada de extraordinaria de tu libro. Promociona el sorteo extensamente en tu boletín de noticias, blog y redes sociales. Siempre menciona a los ganadores en los comentarios, además de escribirles un mensaje personal.

Los concursos son una excelente manera de entusiasmar a la gente para formar parte de tu lista de correo s electrónicos. Por ejemplo, un negocio sobre mascotas puede pedirles a los dueños de mascotas que envíen entradas para el concurso de gatos o perros más lindos. Todas las fotografías se pueden publicar en tu página de Facebook, y los ganadores pueden ser elegidos por tus seguidores al pedirles que voten por su fotografía favorita.

Pestañas

Crea una pestaña separada en tu página de fans para el libro. Deja que tus lectores te conozcan como autor y aprendan más acerca del libro. Las pestañas adicionales se muestran debajo de la imagen de portada de Facebook y se pueden expandir para ofrecer información adicional una vez que los usuarios hacen clic en "Más". Los visitantes pueden explorar toda la página y explorar el contenido que les resulta útil. Utiliza esta función de pestañas para ganar ventaja y promocionar el libro.

Recuerda que tus publicaciones de Facebook deben ser breves y fascinantes, y añade información detallada en pestañas creadas específicamente para esto. De esta forma, las personas que desean información adicional sobre tus productos y servicios pueden hacer clic en las pestañas relevantes para obtener más información. Las pestañas ayudan a mantener tu información clara y organizada. No necesitas incluir todo en una sola página. Simplemente crea una pestaña separada para cada uno de tus libros y facilita a las personas encontrar más información.

Videos en Facebook

Además de utilizar las estrategias publicitarias mencionadas en el capítulo anterior para promocionar tus libros electrónicos, los autores también pueden usar videos brillantemente para causar furor sobre sus libros. Es una forma muy interesante de generar curiosidad sobre tu libro, pero los especialistas en marketing no lo aprovechan. Juega con anuncios de video de 15 segundos, o crea contenido de video interesante que despierte la curiosidad de tu público sobre el libro. No olvides usar la función de reproducción automática al crear anuncios de video.

Puedes hablar sobre los aspectos más destacados del libro en el video. Conversa con tus clientes de una manera interesante y fluida sobre lo que pueden conseguir en el libro. Presenta un sentido de urgencia en tu voz y tono hacia el final del video, cuando pidas a tu público que actúe ahora. Estos videos pueden brindarte una mejor respuesta o tasa de conversión que las ventas directas o la publicidad indiscreta.

Crea Ofertas por Paquetes

Crear ofertas es otro truco genial para permanecer en la cima del juego de marketing/promoción de libros electrónicos en Facebook. Puedes tener más de un libro electrónico en tu portafolio, lo que significa que puedes agruparlos con estrategias promocionales inteligentes.

Por ejemplo, si los clientes compran tu primer libro dentro del período estipulado, puedes ofrecer los siguientes dos libros con un descuento del 50% sobre el precio normal. Esto aumentará las ventas de los tres libros. También puedes ofrecer una copia gratuita del próximo libro.

Las ofertas generan mucho alboroto para tu libro en Facebook, y ayudan a difundir una buena opinión al respecto. Por ejemplo: "¡Reclame su copia gratuita de mi último libro hoy mismo!"

Luego incluye un enlace directo a la página principal, donde el cliente puede solicitar una copia de su próximo libro comprando una copia de su libro actual.

Grupos Enfocados

Los grupos ofrecen una plataforma precisa, específica y dedicada para promocionar tu libro. Existen literalmente cientos de grupos/comunidades en Facebook dedicados a autores/editores independientes, múltiples géneros, e incluso autores reconocidos. Debes ser activo en estos grupos donde puedes encontrar varias actividades beneficiosas de publicidad cruzada.

También es una buena práctica comentar en estos grupos, participar en discusiones grupales y, básicamente, lograr una buena relación con los lectores a los que va dirigido.

Sin embargo, ten en cuenta algunos puntos antes de usar grupos para promover y promocionar tus libros. Primero, ¿tu libro es relevante para el público de ese grupo en particular? Si has creado un libro electrónico sobre cómo tomar unas vacaciones en crucero de lujo, seguramente no encontrarás a tu público en un grupo de mochileros o de aficionados a las vacaciones de aventura.

Encuentra los grupos relevantes y aumenta tus conversiones presentando tu libro al público apropiado.

Algunos grupos no toman demasiado en serio las publicaciones o enlaces promocionales. Siempre toma un tiempo para aprender sobre la etiqueta y las reglas del grupo antes de publicar, o te arriesgas a ser expulsado del grupo, lo que resulta en una reputación negativa. Crea tu propia página de fans como autor una vez que consigas suficiente popularidad.

3. Crea una Lista de Correos Electrónicos

Crear una lista de correos electrónicos es una de las mejores formas de establecer una comunicación constante con tus clientes. Puedes ganar dinero vendiendo productos físicos o digitales en tu blog, promocionando los productos/servicios de otras personas, o haciendo dinero a través de programas publicitarios como Google Adsense, si tienes una lista de correos electrónicos específica con las personas que están interesadas en tus productos o servicios.

Ofrece algo atractivo, como un regalo de promoción, un cupón, un libro electrónico, un informe especial, etc., cualquier cosa que pueda atraer clientes y se subscriban voluntariamente para formar parte de tu lista. Presenta algo difícil de obtener. Algunos blogs de marketing en Internet ofrecen a sus clientes una lista de los mejores temas y campos para blogs, mientras que otros ofrecen temas gratuitos, complementos, etc. Realmente depende de qué es exactamente lo que tu público meta está buscando. Ofrece herramientas poco comunes, bien investigadas y valiosas, y quedarán enganchados.

Ofrecer contenido exclusivo y difícil de encontrar (¿recuerdas la lista de las áreas y campos con mejor rendimiento?) en un formato para descargar es una excelente manera de ofrecer a los clientes algo valioso, y conseguir que te devuelvan el favor al comprar tu producto o visitar tu blog. No todos los negocios tratan con productos físicos, lo que hace que regalar piezas exclusivas de contenido sea muy lucrativo.

Otra estrategia inteligente que puedes usar es agregar un enlace a tu página de registro. Edita tu imagen de portada agregando una descripción relevante en la foto. Incluye una poderosa llamada a la acción en la descripción, seguido de un enlace a la página. Esto no solo te expondrá tu marca al instante en la imagen de portada, sino que también ayudará a las personas a llegar fácilmente a la página de suscripción.

También puedes incluir un llamado a través de tu foto de portada en lugar de incluirla en la descripción. De esta forma, se destaca en la parte superior de la página tan pronto como las personas la visiten, creando un sentido de urgencia. Básicamente, estás pidiendo a las personas que actúen rápido al incluir una llamada a la acción visible y clara.

Facebook también puede ser utilizado para establecer y mantener conexiones con las personas en tu lista. Cuando las personas ingresen a tu lista, envía un correo electrónico de bienvenida que los motive a seguirte en Facebook y otras plataformas sociales. Una de las mayores ventajas de este consejo es que incluso si cancelan la suscripción a su lista en el futuro, recibirán actualizaciones en Facebook y otras redes sociales.

Estimula el interés de tu público mostrándoles exactamente lo que recibirán si se subscriben a tu lista de correos. Comparte tu boletín informativo en Facebook. La descripción debe incluir un enlace a tu página de suscripción. Con esto lograrás que tus fanáticos de Facebook compartan el boletín informativo y generen para ti aún más exposición y suscriptores de entre sus contactos.

Si estás ofreciendo contenido que no estará disponible en tu próximo boletín, usa esto como señuelo para atraer a más personas a tu lista de correo. Esta estrategia tiene un doble propósito. Despierta la curiosidad de las personas que no están en tu lista de correos y, posteriormente, consigue que se registren en ella.

Además, toda esa agitación despertará el interés de las personas que están en tu lista y no han sido demasiado receptivas. Terminarán abriendo un boletín informativo, que de otra forma no se habrían molestado en revisar.

Organiza Eventos

Organizar eventos como un seminario web, o crear un evento real y en persona a través de Facebook, también es una excelente forma de conectarse con el público meta y obtener información detallada. Varios especialistas en marketing por internet promocionan exitosamente sus seminarios web gratuitos, utilizando la opción de publicidad de Facebook. Anima a los fans a subscribirse a un programa de capacitación o seminario web gratuito ingresando su correo electrónico.

Un seminario web gratuito puede anunciarse como:

Seminario Web De Capacitación Gratuito

¿Tu negocio en línea está atravesando momentos difíciles? ¿Estás buscando cómo cambiar las cosas un poco? Instagram podría ser justo lo que necesitas para pasar de promedio a estupendo.

Únete al experto en marketing por Instagram (nombre) para un excelente y valioso seminario web GRATUITO, este viernes a las 7:00 p.m. PST, donde podrás aprender algunas de las formas más rápidas para poner en marcha tu negocio con Instagram. Nos vemos allí.

Crea una publicación promocionando un seminario web gratuito y promociona la publicación, o envía a tus visitantes a un formulario de suscripción a través de anuncios de Facebook.

¿Por qué aprovechar los recursos en línea? Porque también puedes crear eventos de Facebook para conectar con personas en tu ciudad o vecindario. Al registrarse en línea para el evento, puedes animar a las personas a formar parte de tu lista de correos electrónicos.

4. Vende Productos Físicos por Facebook

Facebook no se trata solo de contenido y conexiones, también hay un mercado completamente nuevo para productos físicos.

Puedes crear una fachada virtual atractiva, completa y para un público específico en Facebook, utilizando una plataforma de comercio electrónico como Shopify. Muchas de estas plataformas de comercio electrónico ofrecen una versión de prueba gratuita para evaluar cómo operan.

La mejor parte de crear una tienda en Facebook es que puedes llegar a un público global, mientras interactúas constantemente con ellos y haces crecer tu negocio.

¿Cómo crear una tienda en Facebook o una Página de Compras?

Primero, inicia sesión en tu página para negocios o empresas. En la línea de tiempo, justo debajo de la foto de portada de tu página, hay una sección llamada "Agregar Sección de Compras".

Haz clic en la pestaña azul "Agregar Sección de Compras" en la ventana emergente.

Ingresa todos los detalles comerciales requeridos.

Luego debes configurar un método de pago.

La única opción de pago disponible en Facebook actualmente es Stripe, lo que significa que tendrás que registrarte y crear una cuenta de Stripe si todavía no tienes una. Configura el método de pago.

Una vez que has configurado la cuenta de Stripe, Facebook te enviará a la página principal comercial. Haz clic en "Finalizar Configuración" para completar los detalles restantes.

¡Ya estás listo para comenzar a vender!

Ahora deberías ver una pestaña "Comprar" en tu página comercial. Haz clic en la pestaña y un cuadro te indicará que agregues un producto a la tienda. Haz clic en el botón "Agregar Producto" para continuar.

Haciendo clic en "Agregar Fotos" puedes comenzar a subir imágenes de productos. Después de subir las imágenes, haz clic en "Usar Fotos" para que tus imágenes se publiquen.

Obtendrás un campo para "Detalles del Producto" una vez que hayas subido todas las imágenes. Escribe una descripción breve, atractiva e interesante para cada producto. Habla sobre sus características y beneficios. ¿Qué lo diferencia de otros productos similares? Si hay una descripción existente del producto escrita por el vendedor original, simplemente puedes solicitar su permiso y copiar la descripción del producto si está bien redactada.

Una vez que hayas subido todos los productos, se presentarán en un formato de lista, que puede ser modificado. Puedes ver la imagen del producto y su precio. También tienes la opción de determinar si deseas que el producto esté disponible para tus fans.

Conclusión

"El secreto para avanzar es comenzar."
- *Mark Twain*

Gracias por descargar *Marketing en Facebook: Una Guía Completa para Crear Autoridad, Generar Compromiso y Hacer Dinero a través de Facebook.*

Espero que este libro te haya ofrecido muchos consejos, estrategias comprobadas y perlas de sabiduría para construir un negocio influyente y rentable en Facebook.

Mi intención fue explicar las estrategias de la forma más sencilla y directa posible, para que hasta un principiante pueda entrar al lucrativo mundo del marketing en Facebook.

El siguiente paso es comenzar a aplicar estos valiosos consejos inmediatamente. Elige consejos que te resulten útiles y trabaja para construir una comunidad leal de compradores. Al final del día, el marketing en redes sociales se trata de generar compromiso, fortalecer la credibilidad, crear marcas sólidas y, finalmente, establecer una comunidad de compradores leales que resulten ser tus mejores promotores.

Prueba diferentes estrategias y técnicas, y selecciona la que te brinde los mejores resultados. Aprenderás muchas cosas a lo largo de tu viaje.